I0211510

www.ingramcontent.com/pod-product-compliance
Lightning Source LLC
Chambersburg PA
CBHW050015090426
42734CB00020B/3275

* 9 7 8 1 9 5 3 8 2 9 2 2 1 *

זיי געטריי זיך אַליין!

דאָס קינדס וועגווייזער צו מין, געשלעכט, און משפחה

פון **יונתן בראַנפמאַן**

אילוסטרירט פון **דזשולי בענבאַסאַט**

איבערגעזעצט אויף אידיש פון **מלכה ליבא ראָזען**

Ben Yehuda Press
Teaneck, New Jersey

Published by Ben Yehuda Press
122 Ayers Court #1B
Teaneck, NJ 07666

http://www.BenYehudaPress.com

To subscribe to our monthly book club and support independent Jewish publishing, visit https://www.patreon.com/BenYehudaPress

Ben Yehuda Press books may be purchased at a discount by synagogues, book clubs, and other institutions buying in bulk. For information, please email markets@BenYehudaPress.com

ISBN13 978-1-953829-22-1

22 23 24 / 10 9 8 7 6 5 4 3 2   20220122

הכּרת־הטוב

דער מחבר דאַנקט מלכּה ליבא ראָזען פֿאַרן ברענגען די איבערזעצונג לאור־העולם. ער דאַנקט אויך די פֿילע קאָלעגען וואָס האָבן אונטערגעשטיצט די פּראָיעקט פֿון אָנהייב ביזן סוף: לערי יודלסאָן, סאָניע גאָלאַנץ, אביגיל־חוה שטיין, דזשאָרדין קוציק, יהושע מייערס, איתן קענסקי, שׂרה זאַראָוו, ראַביי בעט ליבערמאַן, און רחל קאַפּריסן.

די איבערזעצערין דאַנקט יונתן בראַנפֿמאַן פֿאַר זיין צוטרוי און גרויסהאַרציגקייט, ווי אויך זיין כּמעט איבערמענטשלעכע געדולד און פּיקחישדיגע הדרכה, וואָס אָן דעם וואָלט דאָס בוך קיינמאָל נישט געווען מעגלעך.

טייערע עלטערן און מחנכים,

ברוכים הבאים צו **זײַ געטריי זיך אַליין!**

דאָס בוך וועט אייך גרינגער מאַכן צו דערקלערן די קינדער וואָס עס הייסט די מין־אידענטיטעט, ראָמאַנטישע נייגונגען, און פאַמיליע־פאַרשידענקייט. מיר דעקן אויך טעמעס ווי דיסקרימינאַציע, פּריווילעגיע, און ווי זיך אָנצונעמען פאַר ריכטיגקייט און יושר. אונזער ציל איז צו העלפן צו דערציען קינדער וועלכע אַקצעפּטירן זיך אַליין ווי אויך אַנדערע.

דאָס בוך איז פאַר קינדער פון עלטער פון 5 יאָר און העכער, און ס'איז צוטיילט אין קלענערע חלקים וואָס בויען איינער אויפן צווייטן. לייענט אַ ביסל אָדער אַסאַך אויף אַמאָל — ווי נאָר עס געפעלט אייך און אייערע קינדער.

האָט הנאה, און העלפט בויען אַ מער גליקלעכער און אַקצעפּטירענדער וועלט!

אַ וואַרעמען גרוס,

יונתן, דזשולי, און מלכה ליבא

אַ בריוועלע
פון דער איבערזעצערין

ווען ר׳ יונתן האָט מיך צום ערשטן מאָל געבעטן איבערזעצן זיין טייער ביכל אויף אַ היינטצייטיגן אידיש וואָס איז עובר־לסוחר, האָב איך געקלערט צוויי זאַכן: ערשטנס, נאָר אַ נאַר וואָלט אונטערגענומען אַזאַ סיזיפישער אַרבעט; און צווייטנס, אני הקטנה בין טאַקע דער פּאַסיגער נאַר! און אַזוי אַרום איז געבוירן געוואָרן אָט דאָס ביכל.

ווי געזאָגט האָבן מיר געהאַט אַ דאָפּלטער ציל וואָס אויפן ערשטן בליק איז אויך אַ סתירה׳דיגער: אַז דאָס בוך זאָל קלאָר איבערגעבן קאָמפּליצירטע געדאַנקן אַז אַפילו דער בן־חמש (אָדער בת־חמש!) למקרא זאָל אים קענען לייענען און פאַרשטיין; און מיט די צרות, אויף אַ פאַרשטענדלעכן היימישן אידיש – אַ דיאַלעקט וואָס האָט נאָך נישט אַפילו געחלומט פון אַזוינע טעמעס און געדאַנקן – ווער רעדט נאָך פון פאָרמירן נייע טערמינען כּדי צו קענען איבערגעבן די אַלע נייע קאָנצעפּטן! אָבער ווי אין פּרק שטייט געשריבן: לא הביישן למד.

פאַרשטייט זיך אַז ווען עס קומט צו אַזעלכע טעמעס איז נישט גענוג צו זיין קלאָר און דייטלעך נאָר מען מוז אויך זיין אָפּגעהיט מיט ווערטער ווי פאַר אַ פייער כּדי נישט חלילה באַליידיגן יענער אָדער מזלזל זיין אין כּבוד־הבריות. איז דערפאַר האָב איך צום אַלעם ערשטן אַ קוק געטוהן וואָסערע טערמינען די פאַרשידענע געמיינדעס ניצן פאַר זיך אַליין און בעטן אַנדערע אַז מען זאָל זיי אַזוי אָנרופן. ערשט דערנאָך האָב איך אַ קלער געטוהן צי מען קען דאָס איבערגעבן פאַרן היימישן עולם אַזוי ווי עס שטייט און גייט, צי דאַרף מען דאָס איבערזעצן, נישט נאָר לינגוויסטיש גערעדט, נאָר אויך אַ קולטורעלע איבערזעצונג.

אַזוי אויך האָב איך פּרובירט ווי ווייט מעגלעך צו שרייבן אויף אַזאַ אופן אַז אַלע אידיש־רעדער פון אַלע שיכטן און קרייזן און פון אַלע עקן וועלט זאָלן קענען לערנען און הנאה האָבן פון דאָס ביכל. באשר־בכן, וועט איר באַמערקן אַז דורכאויס דאָס בוך ניץ איך וואָס ווייניגער אַמעריקאַנישע ענגלישע ווערטער וואָס זענען אַריינגעפאַלן אין אונזער טאָג־טעגליכער שפּראַך און וואָס מער לוויטער מאַמע־לשון. פון דער אַנדערער זייט, האָב איך מקפיד געווען דווקא צו ניצן די קלאַסישע אידישע אָרטאָגראַפיע "על־טהרת־הקודש" און נישט דעם מאָדערנעם ייִוואָ נוסח וואָס די אַקאַדעמיקער און אַסאַך וועלטלעכע אידן ניצן היינט צו טאָגס. איך האָף און בעט אַז אָט דער פשרה וועט טאַקע מוצא־חן זיין ביים עולם און אַז דאָס בוך וועט אייך העלפן צו פאַרשטיין (און זיין געטריי) זיך אַליין און פאַרשטיין די גרויסע וועלט אַרום אונז.

טבת תשפ״ב
מלכה ליבא ראזען
ניו יאָרק

חלקביי חלק

1 דער אנהייב

מענטשן האָבן אַסאַך מאָדנע געדאַנקען וועגן יונגלעך, מיידלעך, און ליבע! למשל אפשר האָסטו געהערט דעם געדאַנק אַז יעדער מוז זיין אָדער אַ יונגל אָדער אַ מיידל.

און אַז אַ יעדער יונגל וועט אויפוואַקסן און ווערן אַ בחור, און דער שדכן וועט אים אָנטראָגן אַ שידוך מיט אַ מיידל. און אַ יעדע מיידעלע וועט אויפוואַקסן און ווערן אַ כּלה־מויד, און דער שדכן וועט איר אָנטראָגן אַ שידוך מיט אַ בחור.

אין אַנדערע קהילות און קרייזן, איז אָנגענומען אַז יונגלעך און מיידלעך פון אַ געוויסן עלטער פאַרברענגען און אינטערהאַלטן זיך צוזאַמען. אין אַזעלכע פלעצער איז זייער פאַרשפּרייט אַז יונגלעך זאָלן זיך טרעפן מיט מיידלעך, און זיי וועלן אָפטמאָל פאַרליבט ווערן.

און אפשר האָסטו געהערט אַז יעדער בחור און יעדעס מיידל מוז
חתונה האָבן...

...און אַז יעדער וואָס האָט חתונה מוז האָבן קינדער.

און אפשר האָסטו געהערט אַז אַלע יונגלעך דאַרפן גלייכן דעם קאָליר בלוי און שפילן מיט אַ באָל און טראָגן הויזען. און אַז אַלע מיידלעך דאַרפן גלייכן ראָזע (pink) און שפילן מיט ליאַלקעלעך (dolls) און טראָגן קליידעלעך.

געהערט אַ מעשׂה! עס הייבט זיך נישט אָן! און דאָס איז גרויסע נייעס!

יעדער מענטש איז אַנדערש — דאָס הייסט פאַרשידענקייט. דאָס פאַרשידענקייט איז אַ הערלעכע זאַך! דאָס פאַרשידענקייט געפינט מען אין אַלע קרייזען: צווישען חסידישע אידן, ליטווישע אידן, ספרדישע אידן, ווי אויך מאָדערנע אידן, פרייע (אָדער וועלטלעכע) אידן, און **פאַרשטייט זיך נישט־אידן.**

2 די געשלעכטער

אפשר האָסטו געהערט אַז ס׳איז דאָ צוויי געשלעכטער, זכר און נקבה. ווען דו ווערסט געבוירן, באַשטימט דער דאָקטער דיין געשלעכט לויט דיינע קערפּער־טיילען. אויב האָסטו אַן אבר (פּעניס) מיט ביצים, הייסטו אַ זכר, און אויב האָסטו אַ וואַגינע, קליטאָר, און אייערשטאָקען (ovaries), הייסטו אַ נקבה.

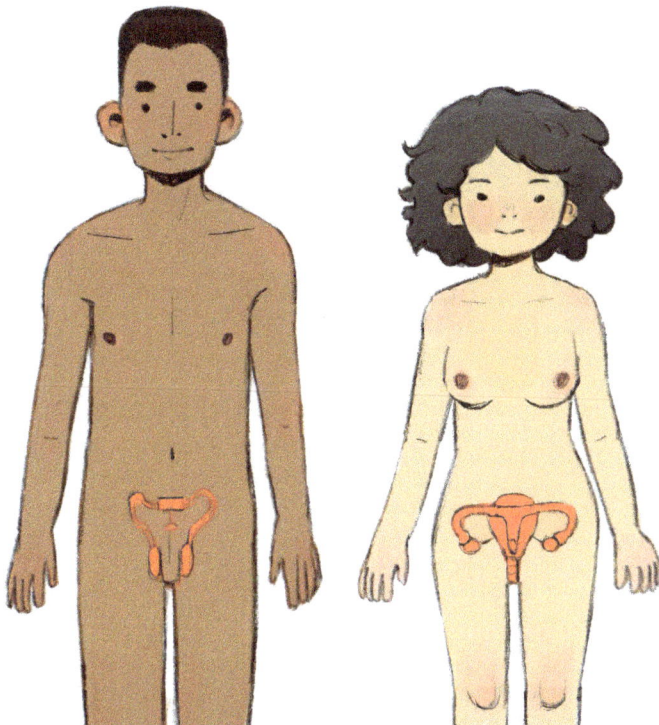

די דאָזיגע אברים זענען געפּאָרעמט דורך די כראָמאָסאָמען וואָס דו ירש׳נסט פון דיין טאַטע־מאַמע. די כראָמאָסאָמען זענען אַזוי ווי אַן אינסטרוקציע־ביכל. זיי זענען אינעווייניג יעדן קעמערל (cell) פון דיין גוף, און זיי זאָגן אָן דיין גוף ווי אַזוי צו וואַקסן. די איקס־ (X) און איגרעק־ (Y) כראָמאָסאָמען באַשטימען וועלכע געשלעכט־אברים דו וועסט האָבן. רוב מענטשן מיט XY כראָמאָסאָמען האָבן מענערישע אברים, און רוב מענטשן מיט XX כראָמאָסאָמען האָבן ווייבערישע אברים.

אָבער למעשׂה, נישט יעדער ווערט געבוירן מיט אַ גוף וואָס שטימט מיט די דאָזיגע וואַרטונגען פון אַ זכר אָדער אַ נקבה. טייל מענטשן האָבן אַ געמישעכץ פון מענערישע און ווייבערישע אברים, למשל אַ וואַגינע און ביצים. טייל מענטשן מיט XY כראָמאָסאָמען האָבן ווייבערישע אברים, און טייל מענטשן מיט XX כראָמאָסאָמען האָבן מענערישע אברים. טייל מענטשן האָבן אויך XXX אָדער XXY כראָמאָסאָמען.

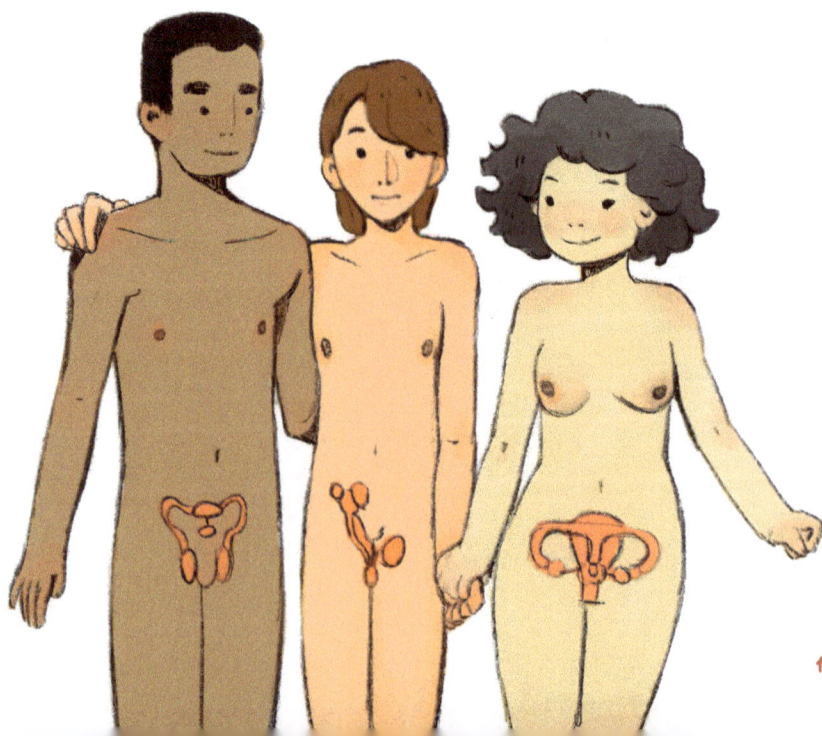

מענטשן וואָס זענען נישט קיין זכר און נישט קיין נקבה רופֿט מען
אָן אינטערסעקס (אין דער גמרא ווערן אינטערסעקס מענטשן
צוטיילט אין פֿאַרשידענע גרופּעס למשל אַנדרוגינוס אָדער
טומטום, אָבער מיר ניצן אינטערסעקס צו באַשרייבן די אַלע
גרופּעס). און ס'איז נישט קיין חילוק צי מען איז אינטערסעקס,
אָדער אַ זכר, אָדער אַ נקבה — אַבי געזונט!

פּונקט אַזוי ווי די וועלט האָט גאָר אַסאַך פֿאַרשידענע קאָלירן, נישט
נאָר בלוי און ראָזע (פּינק), האָבן אויך מענטשן פֿאַרשידענע סאָרטן
קערפּערס. און פּונקט אַזוי ווי יעדער קאָליר איז שיין און גוט, אַזוי
אויך איז יעדער סאָרט קערפּער.

3 דער מין

דער געשלעכט איז ווי מען רופט אָן קערפּערס מיט פֿאַרשידענע אבֿרים. דער מין איז ווי מענטשן מיינען אַז די סאָרט קערפּערס זאָלן זיך פֿירן.

למשל, טייל מענטשן מיינען אַז אַ נקבֿה דאַרף ליב האָבן ראָזע קליידער, און אַז אַ זכר דאַרף ליב האָבן שפּילן מיט אַ באַל.

די דאָזיגע דערוואַרטונגען רופֿט מען אָן סטערעאָטיפּען. אַ סטערעאָטיפּ הייסט ווען מען מיינט אַז מען ווייסט אַלץ וועגן אַ מענטש לויט ווי אַזוי זיי זעהען אויס, וואו זיי וואוינען, אָדער ווי אַזוי זיי רעדן. למשל, אָננעמען אַז מען ווייסט ווי קלוג עמעצער איז, צו וואָס זיי טויגן, און וואָס זיי האָבן ליב צו טוהן פֿאַר שפּאַס (fun).

אָבער למעשׂה, זענען סטערעאָטיפּן נאַריש! נישט קיין חילוק וואָס פֿאַר אַ קערפּער מען האָט, קען מען ליב האָבן סיי וועלכען קאָליר, קליידונג, עסן, אָדער אַקטיווּיטעטן.

איז נישט קיין חילוק וואָסערע אברים מען האָט, קען מען טראָגן בלוי און ראָזע און געל און גרין, און וואָס עס זאָל נישט זיין! און מען קען גלייכן פוטבאָל אָדער ליאַלקעלעך (dolls) און שווימען און אַלץ וואָס ברענגט הנאה!

4 די מין־אידענטיטעט

די מין־**אידענטיטעט** הייסט ווי אַזוי מען זעהט זיך אַליין, ווי אַ יונגל, אַ מיידל, אָדער יעדער אַנדער מין.
אפשר האָסטו געהערט אַז אַ יעדער זכר מוז זיך אַליין זעהן ווי אַ יונגל אָדער אַ מאַן, און אַ יעדע נקבה מוז זיך אַליין זעהן ווי אַ מיידל אָדער אַ פרוי.

אָבער ווייסטו וואָס? ס'איז נישט אמת. דער געשלעכט פון אַ מענטש (דער סאָרט קערפּער וואָס מען האָט) באַשטימט נישט זייער מין־אידענטיטעט (ווי אַזוי זיי זעהען זיך אַליין).

איז צי מען האָט אַ מענערישע גוף, אָדער אַ ווייבערישע גוף, אָדער אַן אינטערסעקס גוף, קען מען זיך אַליין זעהן ווי אַ יונגל, אַ מיידל, אָדער אַן אַנדער מין, אַזוי ווי דזשענדער־קוויר (genderqueer) אָדער אומצווייאיג (non-binary). און כּולם אהובים!

אויב דיין מין־אידענטיטעט פּאַסט צו צום געשלעכט וואָס מען האָט דיך באַשטימט ביים געבוירן ווערן, הייסטו ציס׳מיניִג (cisgender). למשל, טאָמער האָט מען דיך באַשטימט נקבה און דו אידענטיפיצירסט זיך ווי אַ מיידל, ביסטו אַ ציסמיניִג מיידל.

אויב דיין מין־אידענטיטעט איז נישט צוגעפּאַסט צום געשלעכט וואָס מען האָט דיך באַשטימט ביים געבוירן ווערן, הייסטו טראַנס׳מיניִג (transgender). למשל, אויב האָט מען דיך באַשטימט צו זיין אַ זכר ביים געבוירן ווערן און דו אידענטיפיצירסט זיך ווי אַ מיידל, ביסטו אַ טראַנסמיניִג מיידל.

און טייל מענטשן אידענטיפיצירן זיך נישט ווי אַ יונגל און נישט ווי אַ מיידל. אַסאַך מענטשן וואָס פילן אַזוי אידענטיפיצירן זיך ווי אומצווייאיג, דזשענדער־קוויר, מין־אומקאָנפאָרמיסטיש (gender-nonconforming), אָדער מין־פליסיג (genderfluid).

און צו זיין ציסמיניג, טראַנסמיניג, דזשענדער־קוויר, און מין־
אומקאָנפאָרמיסטיש איז אַלץ פיין און וואוילי! כּולם אהובים!

טייל טראַנסמיניגע און דזשענדערקוויר מענטשן ווילן טוישן זייערע קערפּערס, אויסצוזעהן מער ווי דער מין מיט וואָס זיי אידענטיפֿיצירן זיך. אַזאַ ענדערונג ווערט אָנגערופֿן אַן (מין־) איבערגאַנג. מענטשן גייען איבער דורכן גיין צום דאָקטער צוליב ספּעציעלע מעדיצינען וואָס דאָס הייסט אַ האָרמאָן־באַהאַנדלונג, און אַמאָל אויך פֿאַר אַן אָפּעראַציע.

אָבער טייל טראַנסמיניגע אָדער דזשענדערקווירע מענטשן ווילן נישט מאַכן אַן איבערגאַנג, אָדער ווילן פּשוט איבערגיין דורכן טוישן זייערע קליידער אָדער האָר, און דאָס איז אויך כּשר וישר! און טייל מענטשן וואָלטן געוואָלט איבערגיין, אָבער האָבן נישט קיין געלט צו באַצאָלען פֿאַר דעם.

און ס׳איז נישט קיין חילוק וואָס פֿאַר אַ מין־אידענטיטעט דו האָסט,
און ווי אַזוי דיין גוף זעהט אויס, דו קענסט טראָגן סיי וועלכע
קאָלירען און קליידער דו ווילסט, און טוהן וואָס דו ווילסט, און האָבן
לאַנגע אָדער קורצע האָר, אָדער ביידע! זיי געטריי זיך אַליין!

5 ליבע און צוגעצויגענקייט

ווען מענטשן וואַקסן אויף, פּילן אַסאַך פֿון זיי אַ ראָמאַנטישע צוגעצויגענקייט צו אַנדערע מענטשן. דאָס צוגעצויגענקייט קען פּילן אַזוי ווי עס ווילט זיך שטאַרק פֿאַרברענגען מיט יענעם, אָדער זיי פֿרעגן צי זיי ווילן זיך צוזאַמטרעפֿן, אָדער האַלטן זייער האַנט, אָדער זיי קושן.

אַסאַך מענטשן הייבן אָן פּילן ראָמאַנטישע צוציִען צום עלטער פֿון 11 אָדער 12 יאָר, אָבער אַנדערע הייבן אָן צו פּילן אַ צוגעצויגענקייט צו אינגערע אָדער עלטערע עלטערס.

טייל מענטשן פילן קיינמאָל נישט אַזאַ סאָרט ראָמאַנטישע צוגעצויגנקייט, און דאָס איז פֿיין און וואויל. מענטשן וואָס פילן אַזוי רופן זיך אַסעקסועל (asexual) אָדער אַראָמאַנטיש (aromantic).

טייל אַסעקסועלע מענטשן האָבן יאָ ראָמאַנטישע עמאָציאָנעלע באַציאונגען, אָבער פילן נישט פאַראינטערעסירט אין פיזישע טאַהטן אַזוי ווי קושן.

און צווישען די מענטשן וואָס פילן יאָ ראָמאַנטישע צוציען, אַ טייל
זענען נאָר צוגעצויגען צו איין מין, און אַ טייל זענען צוגעצויגען צו
מער ווי איין מין.

טייל מענטשן פילן ראָמאַנטיש צוגעצויגען צו מענטשן פון זייער אייגענעם מין, אַזוי ווי אַ מאַן וואָס איז צוגעצויגען צו אַנדערע מענער, אָדער אַ פרוי וואָס איז צוגעצויגען צו אַנדערע פרויען.

די מענטשן וואָס זענען צוגעצויגען צום אייגענעם מין רופן זיך געי (gay). טייל מענטשן זאָגן אויך "האָמאָסעקסועל", אָבער דאָס וואָרט איז אַלטמאָדיש. די פרויען וואָס זענען צוגעצויגען צו אַנדערע פרויען ווערן אויך גערופן לעזביאַנקעס (lesbians).

טייל מענטשן זענען צוגעצויגען צו אַן אַנדערן מין, אַזוי ווי מענער וואָס זענען צוגעצויגען צו פרויען, אָדער פרויען וואָס זענען צוגעצויגען צו מענער.
מענטשן וואָס פילן אַזוי רופן זיך העטעראָסעקסועל (heterosexual).

טייל מענטשן זענען צוגעצויגען צו מער ווי איין מין. למשל, אַ מאַן
וואָס איז צוגעצויגען צו מענער, פרויען און דזשענדער־קווירע
מענטשן. די מענטשן וואָס פילן אַזוי רופן זיך ביסעקסועל (bisexual)
אָדער פּאַנסעקסועל (pansexual).

די אַלע פֿאַרשידענע סאָרטן צוגעצויגענקייטן רופֿט מען "אָריענטאַציעס", ראָמאַנטישע אָריענטאַציעס, אָדער "סעקסועלע אָריענטאַציעס". סײַ װעלכער מענטש מיט סײַ װעלכן גוף אָדער מין־אידענטיטעט קען האָבן סײַ װעלכע סעקסועלע אָריענטאַציע.

למשל, איינער וואָס איז אינטערסעקס וואָס אידענטיפיצירט זיך ווי אַ פרוי קען זיין צוגעצויגען צו מענער, פרויען, דזשענדער־קווירע מענטשן, אַ יעדן איינעם, אָדער צו קיינעם נישט. דאָס זעלבע בנוגע אַ ציס־מיניגן מאַן, אַ טראַנס־מיניגער פרוי, אָדער אַבי וועמען.

און ס'איז נישט קיין חילוק צו וועלכע מינים דו פילסט דיך יאָ
צוגעצויגען צי נישט, כולם אהובים!

טייל מאָל ווען מען פילט צוגעצויגען צו עמעצן אָדער עמעצער, און זיי פילן אויך אַזוי, און מען קען זיך שוין אַ לאַנגער צייט, ווערט מען פאַרליבט.

אין די היימישע חסידישע קהילות אָבער, איז איינגעפירט (אַזוי ווי אין דער אַלטער היים) אַז די טאַטע־מאַמע גייען צו אַ שדכן און דער שדכן טראָגט אָן אַ פּאַסיגן שידוך פאַר זייער קינד. דערנאָכדעם, טרעפט זיך דער חתן־בחור מיט דער כּלה־מויד אויף אַ בעשוי צוויי אָדער דריי מאָל און אַז ביידע זענען מסכּים שליסט מען דעם שידוך – מזל טוב!

די ראָמאַנטישע ליבע הייסט ווען מענטשן זענען צוגעצויגען איינער דעם צווייטן, און האָבן שטאַרק ליב איינע דער צווייטער, און גלייכן פאַרברענגען אַסאַך צוזאַמען, און מסתּמא גלייכן זיי אויך זיך צו קושן.

טייל מאָל ווען מענטשן ווערן פֿאַרליבט, האָבן זיי חתונה. אָבער ניט יעדער באַשטימט חתונה צו האָבן, און דאָס איז אויך פֿיין און וואויל. חתונה האָבן איז אַ פֿערזענלעכע באַשלוס פֿאַר דיר און דעם מענטשן וואָס דו האָסט ליב.

אויב און ווען דו באַשליסט חתונה צו האָבן, אָדער ניט חתונה צו האָבן, איז דיין באַשלוס אין גאַנצן אַ גוטער.

6 האבן קינדער

אפשר האָסטו געהערט אַז יעדער וואָס האָט חתונה מוז האָבן קינדער, און אַז נאָר חתונה געהאַטע מענטשן קענען האָבן קינדער.

ע, למעשׂה איז דאָס לעבן אַסאַך מער קאָמפּליצירט און פארשידענאַרטיק, און דאָס איז אויך גוט!

טייל מענטשן וואָס האָבן חתונה ווילן שטאַרק האָבן קינדער. דאָס קען זיין אמת וועגן ציסמיניגע אָדער טראַנסמיניגע אָדער דזשענדער־קווירע מענטשן, ווי אויך העטעראָסעקסועלע אָדער געי אָדער ביסעקסועלע אָדער אַסעקסועלע מענטשן.

די אַלע מענטשן קענען זיין וואוילע עלטערן וואָס דערציהען גליקלעכע, געזונטע קינדער.

אָבער נישט יעדער וואָס האָט חתונה וויל האָבן קינדער, און דאָס איז אויך גוט! טייל מאָל ווייסט מען אויף זיכער אַז מען וויל נישט האָבן קיין קינדער, און טייל מאָל וויל מען פּשוט וואַרטן אַ ווײַלע איידער מען האָט קינדער. ווען מען וואַקסט אויף, איז ווי מען באַשליסט פֿיין און וואויל!

טייל מענטשן האָבן אויך קינדער אָן חתונה צו האָבן, און דאָס איז אויך בסדר! נישט־חתונה־געהאַטע פּאָרלעך, און נישט־באַפּאָרטע מענטשן פֿון יעדן מין אָדער אָריענטאַציע, קענען זײַן גוטע עלטערן וואָס דערציִען גליקלעכע און געזונטע קינדער.

דער תּכלית איז אַזוי: נישט קיין חילוק וואָס פֿאַר אַ סאָרט גוף מען
האָט, און נישט קיין חילוק צו וועמען מען איז צוגעצויגען, און נישט
קיין חילוק צי מען האָט חתונה צי נישט, עס ווענדט זיך אין גאַנצן אין
דיר צי דו ווילסט האָבן קינדער. און וואָס דו באַשליסט איז גוט!

ד דיסקרימינאַציע

די סטערעאָטיפּען וועגן דעם געשלעכט, דעם מין, אָדער דער ראָמאַנטישע אָריענטאַציע פירט צו דער **דיסקרימינאַציע**. דיסקרימינאַציע הייסט ווען עמעץ זאָגט בייזע זאַכען וועגן דיר, אָדער טוט דיר ווי, אָדער באַגרענעצט דיינע ברירות אין לעבן, צוליב עפּעס אַן אייגענקייט וואָס דו האָסט. די דיסקרימינאַציע איז **אייביג** אומגערעכט.

ס׳דאָ אַסאַך סאָרטן דיסקרימינאַציע, ווי דיסקרימינאַציע באַזירט אויף דיין הויטקאָליר, דיין מין, דיין סעקסועלע אָריענטאַציע, צי דו האָסט אַן אומפעהיגקייט, פון וואַנען דו קומסט, אָדער וויפיל געלט דו פאַרדינסט.

אַסאַך מענטשן זענען אויסגעשטעלט אויף כל־מיני דיסקרימינאַציע אויף איין מאָל.

די דיסקרימאַנציע וואָס איז באַזירט אויפן געשלעכט רופט מען **סעקסיזם**. טייל מענטשן מיינען אַז אירע וואָס אידענטיפיצירן זיך ווי מיידלעך אָדער פרויען זענען שוואַכער און ווייניגער קלוג פאַר אירע וואָס אידענטיפיצירן זיך ווי יונגלעך און מענער.

צוליב די דאָזיגע סעקסיסטישע געדאַנקען, האָבן פרויען אַמאָל נישט געטאָרט שטימען, אָדער האָבן אַן אייגן פאַרמעגן, אָדער אַרבעטען אין גוט באַצאָלטע פּאָסטנס! און כאָטש אפילו די געזעצן האָבן זיך געביטען, טרעפט מען נאָך מענטשן וואָס טראַכטן אַזוי.

די דיסקרימינאַציע וואָס איז באַזירט אויף דאָס מין־אידענטיטעט הייסט **טראַנס־פֿאָביע**. טראַנספֿאָביע הייסט ווען מען געפֿעלט נישט עמעצן נאָר דערפֿאַר וואָס מען איז דזשענדער־קוויר אָדער טראַנסמיניג.

דזשענדער־קוויר און טראַנסמיניגע מענטשן ליידן שטענדיק פֿון אַסאַך רדיפֿות צוליב דער טראַנספֿאָביע. טייל אינטערסעקס מענטשן ליידן אויך פֿון דער טראַנספֿאָביע טאָמער שטימען זיי נישט מיט די דערוואַרטונגען פֿון ווי אַזוי יונגלעך אָדער מיידלעך "דאַרפֿן" אויסזעהן. אָפֿטמאָל קומט אַפֿילו דער טראַנספֿאָבישער רדיפֿות פֿון דער פּאָליציי אָדער דער רעגירונג אַליין!

למשל, אין טייל אַמעריקאַנע שטאַטען זענען דאָ געזעצן וואָס האַלטן אָפּ דזשענדער־קוויר, אָדער טראַנסמיניגע, אָדער אינטערסעקס מענטשן פון ניצן דעם בית־הכּיסא וואָס איז געאייגענט פאַרן מין מיט וועלכן זיי אידענטיפיצירן זיך. דאָס קען אָנמאַכן גרויסע צרות ווען מען דאַרף פּשוט קטנ׳ען.

די דיסקרימינאַציע וואָס איז באַזירט אויף דער סעקסועלע אָריענטאַציע רופט מען **האָמאָפאָביע**. האָמאָפאָביע הייסט עס ווען מענטשן זענען שלעכט צו עמעצן נאָר דערפאַר וואָס יענער איז געי, צי אַ לעזביאַנקע, אָדער ביסעקסועל, אָדער פּאַנסעקסועל, אָדער אַסעקסועל.

פּונקט ווי טראַנספאָביע, האָמאָפאָביע קען אַרייננעמען בייזע ווערטער, פיזישער שאָדן, און געזעצלעכע דיסקרימינאַציע.

למשל, ביז לעצטנס, האָבן אַסאַך שטאַטען אין די פֿאַראייניגטע־שטאַטען נישט צוגעלאָזט אַז צוויי פֿרויען אָדער צוויי מענער זאָלן חתונה האָבן, אָדער אַדאָפּטירען קינדער.

אין טייל אַמעריקאַנע שטאַטען, מעג מען לויטן געזעץ אָפּזאָגן עמעצן פֿון דער אַרבעט אָדער זיי אַרויסוואַרפֿן פֿון זייער שטוב, צוליב דעם וואָס זיי זענען געי, לעזביאַנקעס, ביסעקסועל, פּאַנסעקסועל, אָדער אַסעקסועל. נאָכמער, אין טייל שולעס, קענען לערערס אָפּגעזאָגט ווערן בלויז פֿאַרן זאָגן אַז מען מעג זיין געי, און מען מעג זיין טראַנסמיניג.

די דיסקרימינאַציע וואָס איז ספּעציפֿיש צו ביסעקסועלע אָדער פּאַנסעקסועלע מענטשן הייסט בי־פֿאָביע. למשל, טייל מענטשן גלייבן נאָך אַלץ נישט אַז ס'איז מעגלעך צו פֿילן אַ צוגעצויגענקייט צו מער ווי איין מין, און זאָגן ביסעקסועלע מענטשן אַז זיי טראַכטן אויס זאַכן סתּם אין דער וועלט אַריין. וואָס פֿאַר אַ נאַרישקייט!

די אַלע פֿאָרמען פֿון דיסקרימינאַציע זענען אייביק פֿאַלש. ווען מען ליידט פֿון דיסקרימינאַציע קען מען זיך פֿילן זייער טרויעריק אָדער ברוגז אָדער ביידע. און די געפֿילן זענען אין גאַנצן אין אָרדענונג.

אָבער ווען נאָר דו ליידסט פון דיסקרימינאַציע און דו פילסט זיך שלעכט, געדענק אַז ס'דאָ אַסאַך וואוילע מענטשן אויף דער וועלט וואָס וועלן דיך שטיצן און אַרויסהעלפן! און געדענק, דו האָסט אייביג די אחריות אַרויסצוהעלפן יענעם אויך!

8 פּריווילעגיע

ווען מענטשן דיסקרימינירן קעגן דיר איז עס גרינג צו באַמערקן. ס'קען זיין שווערער צו באַמערקן דאָס פאַרקערטע — ווען מענטשן באַהאַנדלען דיך גוט צוליב עפּעס אַן אייגנהייט וואָס דו קענסט נישט קאָנטראָלירן, אַזוי ווי דאָס זיין אַ זכר אָדער ציסמיניג אָדער העטעראָסעקסועל.

דער היפּוך פֿון דער **דיסקרימינאַציע** איז די **פּריווילעגיע**. פּריווילעגיע הייסט ווען מען קריגט מעלות, אָדער אַ גוטער באַהאַנדלונג, אָדער אַ גרינגער לעבן נאָר צוליב ווער מען איז.

אַסאַך מענטשן באַמערקן נישט זייערע פּריווילעגיעס, אַפילו ווען זיי ניצן זייערע פּריווילעגיעס יעדן טאָג. למשל, טאָמער ביסטו ציסמיניג, גיב אַ טראַכט וועגן דאָס לעצטע מאָל וואָס דו האָסט געדאַרפט קטנ׳ען. דו האָסט מסתּמא קיינמאָל נישט זיך געזאָרגט צי אַנדערע מענטשן וועלן דיך אַריינלאָזן אין בית־הכּיסא, אָדער אויב די פּאָליציי וועט קומען דיך אָפּהאַלטן פון צו קטנ׳ען.

אָבער טראַנסמיניגע מענטשן דאַרפן זיך שטענדיג זאָרגן פאַר אָט דער פּראָבלעם! טאָמער קענסטו גיין אין בית־הכּיסא אָן זיך צו דאַרפן זאָרגן, און אָן צו זיין אויף צרות מיט דער פּאָליציי, איז דאָס אַ מוסטער פון דער פּריווילעגיע: דיין לעבן איז לייכטער וועגן דעם וואָס דו ביסט ציסמיניג.

נאָך אַ מוסטער איז די מענערישע פּריווילעגיע. מענטשן נעמען אָפּטמאָל אָן אַז מענער זענען קלוגערע, שטערקערע, און בעסערע פירערס ווי פרויען.
איז אַפילו ווען פרויען זאָגן אָדער טוהען די זעלבע זאַכן, קריגן מענער אָפּטמאָל מער כּבוד, מער געלט פאַר זייער אַרבעט, און בעסערע פּאָסטנס.

טאָמער האָט מען אַ פּריווילעגיע מיינט דאָס נישט אַז מען האָט קיינמאָל נישט קיין פּראָבלעמען, אָדער אַז דאָס לעבן גייט אייביג גרינג. עס מיינט אַז ס׳דאָ געווייסע פּראָבלעמען וואָס מען האָט נישט וואָס אַנדערע האָבן יאָ טאָג טעגליך.

און ס׳איז אַזוי וויכטיג צו **באַמערקן** יענע פּראָבלעמען, אַפילו ווען זיי געשעהען נישט צו דיר פּערזענליך! למשל, דער מאַן איז טרויעריג ווייל זיין קאַווע האָט זיך אויסגעגאָסן, אָבער ער דאַרף נאָך אַלץ באַמערקן אַז ער פאַרדינט מער ווי די פרויען וואָס טוהען די זעלבע אַרבעט.

דאָס אַז מען האָט אַ פּריווילעגיע מיינט נאָך נישט אַז מען איז אַ שלעכטער מענטש. עס מיינט נאָר אַז מען דאַרף אין זין האָבן אַ פּאָר זאַכן. ערשטנס, אַז דו ביסט מצליח אין שולע אָדער ביי דער אַרבעט, זאָלסטו נישט מיינען אַז ס'איז נאָר ווייל דו ביסט קלוגער אָדער בעסער ווי אַנדערע מענטשן.

און מיין נישט אַז אַנדערע מענטשן פאַלן אַדורך נאָר ווייל זיי זענען מער נאַריש אָדער מער פויל.

געדענק, אַז אפשר ביסטו מער מצליח ווי אַנדערע מענטשן ווייל
דאָס לעבן שטעלט ווייניגער צרות אויף דיין וועג. און אַנדערע
מענטשן זענען ווייניגער מצליח ווייל זיי זענען אויסגעשטעלט אויף
דיסקרימינאַציע און דו נישט.

צווייטנס, טאָמער זעהסטו אַ געלעגענהייט צו ניצן דיין פּריווילעגיע צו העלפן אַנדערע מענטשן, העלף זיי! מיר וועלן רעדן ווייטער ווי צו העלפן אַנדערע אַ ביסל שפּעטער.

٩ אינטער־סעקציאנאליטעט

יעדער איינער האָט אַסאַך אידענטיטעטן אויף איין מאָל. אַזוי ווי דו קענסט זיין אַ אידישע אַפראָ־אַמעריקאַנער העטעראָ ציזמיניג יונגל מיט טויבקייט, אַ סאַטמאַרע ספרדישע ביסעקסועלע דזשענדער־קוויר טראַנס־מענעריש לעזביאַנקע, און אַזוי ווייטער.

וויבאַלד יעדע האָט אַסאַך אידענטיטעטן, זענען רוב מענטשן אויסגעשטעלט אויף כּל־מיני דיסקרימינאַציע **און** אַסאַך פּריווילעגיעס אין דער זעלבער צייט. דאָס הייסט די אינטער־**סעקציאָנאַליטעט**.

למשל, אויב ביסטו אַ געי יונגל, אפשר וועלן דיך מענטשן שלעכט באַהאַנדלען פֿאַרן זיין געי (דאָס איז **האָמאָפאָביע**), אָבער זיי וועלן דיך אויך באַהאַנדלען בעסער ווי מיידלעך (דאָס איז **מענערישע פּריווילעגיע**).

אָדער אויב דו ביסט אַן אַשכּנזישע טראַנסמיניגע מיידל, וועלן דיך אפשר מענטשן גוט באַהאַנדלן פֿאַרן זיין ווייס (דאָס איז **ווייסע פּריווילעגיע**), אָבער דיך אויך באַהאַנדלן מיט אומדרך־ארץ פֿאַרן זיין אַ מיידל (דאָס איז **סעקסיזם**) און פֿאַרן זיין טראַנסמיניג (דאָס איז **טראַנספּאָביע**), אַלץ אויף איין מאָל.

כּדי צו פֿאַרשטיין ווי מענטשן באַהאַנדלן אונז, און אויך צו פֿאַרשטיין וואָס אַנדערע אַרום אונז מאַכן אַדורך, דאַרף מען טראַכטן וועגן דער אינטער־סעקציאָנאַליטעט.

10 זיין אן אליאַנט

אַן אַליאַנט איז איינע וואָס שטעלט זיך אַנטקעגן דער דיסקרימינאַציע, אַפילו די דיסקרימינאַציע וואָס שעדיגט זיי נישט פּערזענליך. הייסט עס אַז אַן אַליאַנט ניצט זיין פּריווילעגיע אינטערצושטיצן מענטשן וואָס ליידן פון דער דיסקרימינאַציע.

למשל, אַן אַליאַנט קען זיין אַ העטעראָסעקסועלער מענטש וואָס העלפט געי מענטשן קעמפן אַנטקעגן דער האָמאָפאָביע.

אַן אַליִאַנט קען אויך זײַן אַ ציסמיניגע מענטש וואָס העלפט דזשענדער־קווירע און טראַנסמיניגער מענטשן קעמפן אַנטקעגן דער טראַנספּאָביע.

און אַן אַליִאַנט קען זײַן אַ ציסמיניגער אָדער טראַנסמיניגער מאַן וואָס העלפט פּרוּװן קעמפן אַנטקעגן דעם סעקסיזם.

ווי אַזוי ווערט מען אַן אַליאַנט? ע, קודם כּל, מאַך זיכער אַז דו זאָגסט נישט און טוהסט נישט גאָרנישט שלעכט צו קיינער נישט, אָדער וועגן קיינעם נישט, בלויז צוליב דעם וואָס זיי זענען עפּעס אַנדערש ווי דו.

צוווייטנס, הער זיך צו צו וואָס אַנדערע מענטשן זאָגן וועגן זײערע אײגענע איבערלעבונגען, און גלייב זיי. למשל, טאָמער דו ביסט אַ יונגל, וועט עס דיר אפשר זיין אַ גרויסער חידוש צו הערן וואָסערע צרות מיידלעך און פרויען האָבן פון סעקסיזם.

דו ווערסט אפשר זיין אַזוי איבערגעראַשט אַז עס ווילט זיך נישט גלייבן — אָבער געדענק, זיי זענען די מענטשן וואָס ליידן פערזענליך פון סעקסיזם! וויסן זיי פון וואָס עס רעדט זיך, און דו דאַרפסט לערנען פון זיי.

דאָס זעלבע איז טאָמער ביסטו אַ העטעראָסעקסועלער מענטש וואָס הערט זיך צו צו געי, לעזבישע, ביסעקסועלע, פּאַנסעקסועלע, און אַסעקסועלע מענטשן, צי אַ ציסמיניגער מענטש וואָס הערט זיך צו צו טראַנסמיניגע מענטשן.

דריטנס, טאָמער הערסטו אָדער זעהסטו דיסקרימינאַציע, טוה עפּעס דערוועגן! למשל, טאָמער הערסטו ווי קלאַס־חברים דערציילן רישעותדיגע וויצן וועגן געי מענטשן, אָדער דו זעהסט ווי זיי באַליידיגן אַ פרוי, אָדער דו זעהסט ווי זיי שלאָגן אַ טראַנסמיניגע מענטש...

... זאָג אַ לערער אָדער דיינע עלטערן! און דו קענסט אַפילו הייסן די שלעכטע מענטשן אויפצוהערן, טאָמער איז עס דיר נישט קיין סכּנה צו רעדן צו זיי. דו קענסט אויך צוגיין צום מענטשן וואָס זיי האָבן וויי געטוהן און זאָגן וואַרעמע ווערטער פון חיזוק.

11 זיי געטריי זיך אליין!

גערעדנק, ס׳פּאַראַן אַסאַך מינים מענטשן אויף דער וועלט, און די פֿאַרשידענקייט איז אַ גוטע זאַך! נישט קיין חילוק וואָס פאַר אַ גוף דו האָסט, און מיט וועלכען דזשענדער דו אידענטיפיצירסט זיך, און צו וועמען דו ביסט צוגעצויגען, ס׳איז אַלץ געוואַלדיג! און צי דו ווילסט חתונה האָבן צי נישט, און צי דו ווילסט האָבן קינדער צי נישט, איז דאָס אויך וואונדערליך!

און ווען דו וועסט טרעפן עמעצן וואָס איז אַנדערש ווי דו, זאָלסטו אייביג גוט זיין צו זיי, און זיי העלפן קעמפן אַנטקעגן דער דיסקרימינאַציע.

זיי געטריי זיך אַליין! און העלף אַנדערע זיין געטריי זיי אַליין.

דער סוף

וועגן דעם מחבר

פּראָפעסאָר יונתן בראַנפמאַן לערנט יודאַיזם, "דזשענדער" און פֿילם־שטודיום ביי קאָרנעל־אוניווערסיטעט. פאַרן אַרייַנגיין אין דער אַקאַדעמישער וועלט, האָט ער אויך פאַרברענגט זיבן פאַרמאַטערדיגע און פאָרט געוואַלדיגע זומערס אַלס אַ מדריך אין אַ יידישן זומער־קעמפּ. דורכן קאָמבינירן זיינע קעמפּ־און אוניווערסיטעט־איבערלעבונגען האָט יונתן געשאַפן "זיי געטריי זיך אַליין" צו העלפן קינדער פאַרשטיין דאָס מין־, ראָמאַנטישע־, און משפחה־פאַרשידענקייט צו די יינגע יאָרן.

וועגן די אילוסטראַטאָרן

דזשולי בענבאַסאַט האָט פֿאַרדינט
איר ערשטע דיפּלאָמע אין
אילוסטראַציע פֿון דער ראָוד־אַילענד
סקול אָף דעזײַן. אין איר פֿרײַע צײַט,
טרינקט זי גערן אַ גלאָז טיי, הערט זיך
צו צו האַרציגע פּאָדקאַסטן, און גייט
שפּאַצירן אין דער נאַטור. ווען זי שטודירט נישט און אַרבעט
נישט פֿאַר זיך, איז באַקאַנט אַז זי לייענט ביכער וועגן דער
באָטאַניע אָדער מאָהלט זי אינדרוויסן. דאָס באַטראַכטן אירע
אייגענע איבערלעבונגען, ווי אויך די פֿון אירע פֿרײַנד פֿון דער
הויכשולע אָדער אוניווערסיטעט, האָט איר געהאָלפֿן אילוסטרירן
די בילדער פֿון זײַ געטרײַ זיך אַליין. איר ציל איז צו העלפֿן קינדער
אײַנזעהן און אָפּשאַצן דאָס פֿאַרשידענקייט אין ליבשאַפֿט, מין,
ראַסע, און משפּחה־סטרוקטור.

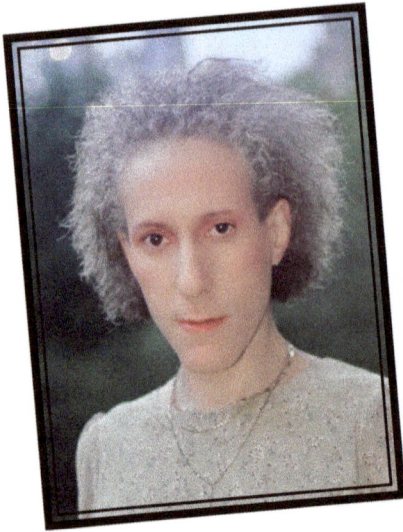

וועגן דער איבערזעצערין

מלכה ליבא ראָזען איז אַ טראַנסמיניגע פרוי וואָס שטאַמט פון אַ היימישע חסידישע אידיש־רעדנדיגער משפחה און היט נאָך פעסט אירע קשרים מיט דער קהילה. נאָכן לערנען על התורה ועל היראה אין חסידישע און ליטווישע ישיבות על־טהרת־הקודש, האָט זי שטודירט יוסטיץ אין געאַרבעט אַלס אַן אַדוואָקאַט אין אַ באַרימטע פירמע אין ניו־יאָרק. אין די לעצטע יאָרן האָט זי פאַרלאָזט די וועלט פון מיסחר און איז געוואָרן אַקטיוו אין דער וועלט פון יידיש־טעאַטער און ליטעראַטור וואו זי פאַרנעמט זיך מיט צוזאַמענברענגען די חסידישע און יידישיסטישע קרייזן צו מאַכן אַ יד־אחת כּדי צו ראַטעווען אונזער הייליגער שפּראַך. ווען זי איז נישט באַשעפטיגט מיט אירע אייגענע ליטעראַרישע און קינסטלערישע פּראָיעקטן, דינט זי אַלס א בעלת־יועץ צו טעלעוויזיע־פּראָגראַמען און פילמען אויף אַלץ וואָס איז נוגע אידיש און אידישקייט.